心の満たしを求め続けた日々

誰をも頼れず、もがいた先に

確かな存在を見つけたあの日

人生は大きく回り始めた

CONTENTS

はじめに

「事実は小説よりも奇なり」とは、イギリスの詩人バイロンが残した言葉ですが、1人ひとりの人生は、まさに「小説よりも奇なり」と言えるのではないでしょうか。しかし、目には見えないものの、確かに存在しておられる神の存在を認めるとき、「奇」と思われたそれぞれの人生は、神の愛による「奇しき」お導きであることに気づかされます。

本書は、全能者なる神の愛の御手によって導かれた11人の人生の舞台がどのように回り始めたかの証言（証し）集です。イエス・キリストとの出会いによって、人生がいかに変えられていったのか、それぞれの物語は、小説や映画よりもはるかに説得力があり、彼らの人生に実際に起こった出来事をだれも否定することはできません。

福田ダニエル氏（米国・アンドリュース大学神学院在学中）は、2021年9月に20人の知り合いのクリスチャンに声をかけ、年齢、性別、肩書きに関係なく、「私と神様」という証しの動画シリーズをスタートさせました。教会の礼拝で牧師が語る聖書の釈義や説教とは一味違うイエス・キリストとの出会いの経験がそこでは語られています。

これまで4回にわたって公開された「私と神様」シ

リーズで、100人以上の世界各国のクリスチャンが、小説よりも奇なる神との出会いを証ししています。視聴者からは、「忙しい家事仕事の最中に聞いています」「感動して、泣きながら聞いています」など多くの感想が寄せられました。さらにこの動画シリーズで証しをしてくださった方々が、それぞれの教会で友人や知人を誘って証し会や講演会などを行い、「証しのムーブメント」が静かに広がりつつあります。

　本書は、その数多くある動画の中から11人の証しを選び、書籍化したものです。それぞれの話の最後にQRコードを付けていますので、オリジナルの証しを動画で見ることもできます。

　動画「私と神様」シリーズを『人生という舞台が回るとき──神さまとわたし』として書籍化することを快諾してくださった福田氏と、証しをしてくださった11人の方々に心より感謝申し上げます。この小冊子を通して、読者のみなさんが生きて働かれる神の愛に触れられることを願い、祈っています。

「主の恵みふかきことを味わい知れ、
　主に寄り頼む人はさいわいである」

詩篇34篇8節、口語訳聖書

福音社編集長　花田憲彦

牧師先生と一緒にお祈りしている最中に
忘れていた幼い頃の思い出が
パッと頭の中によみがえってきました

忘れていた記憶

ラム前田庸子

米国カリフォルニア州 LA 中央日本人コミュニティ教会

私は小さい頃から自信のない子どもでした。友だちの前では明るく振る舞っていたものの、自分の心を知られたくないと思っていました。自分の感情を言葉に出して伝えることも苦手でした。いつも天真爛漫（らんまん）な友だちがうらやましかったものです。何をやってもうまくいかず、受験もすべて失敗しました。次第に、自分は何も持っていない人間だ、思うようにいかないのは自分が不器用だからだという思考になっていきました。

日本語教師の夢

そんな私が大学を卒業したとき、人生で初めて自分が望んでいたことを手に入れました。

私には高校生のときから、日本語教師として海外で働きたいという夢がありました。そのため、大学の学びと並行して、アルバイトをしてお金を貯めながら、専門学校へ通って実践的な勉強をしていたのです。すると幸運なことに、大学卒業と同時に台湾でフルタイムの仕事に就けることになったのでした。

台湾と日本は国交がなく、職歴がない人は就労ビザが取れないと周りから言われていたのですが、スムーズにビザも取れ、台湾に渡航できたその日、やっと自分のしたいことができるのだと心を躍らせました。

ところが到着したその日、喜びは大きな不安に変わりました。言葉の違いはもちろん、文化の違いや職場での人間関係、そして何よりも、仕事の責任が当時22歳だった私には重かったのです。プレッシャーで逃げ出したい自分と、努力してもうまくいかないという不安、時には怒りみたいなものをいつも心に抱えていました。

そんな中、仕事の合間を縫って大学で中国語を勉強するようになり、そこで出会ったのがロサンゼルスから留学生として来ていた現在の夫でした。

彼は底抜けに明るく、だれに対しても優しく、たくさんの友だちを紹介してくれました。私の話をしっかり聞いてくれ、それまで悩み、心配していたことを一つひとつ解決する手助けもしてくれました。彼のおかげで、それまでの心配事がすべて消え、嘘のように楽しい毎日になったのです。その後、結婚することになり、ロサンゼルスを生活の拠点にするために渡米しました。

アメリカでの孤独な生活

台湾での経験もあり、彼さえいれば大丈夫と思って渡米したのですが、真逆の生活が待っていました。何よりも辛かったのは、夫が年に3分の1以上、仕事で家にいないことでした。生活のために一生懸命働いてくれていることに感謝する余裕もなく、不安だけが心の中に広がっていきました。

そんな中、私たちは第一子を授かりました。英語は苦手でしたが、病院に行くにも何をするにも1人でした。妊娠中も産後も体調が悪く、娘と2人、家で横になっていることも多く、心細くてたまりませんでした。夫が帰宅すると、毎日の生活について話しましたが、彼にとっては、自分への不満や文句に聞こえるようでした。上手に助けを求める方法がわからず、この結婚は間違っていたのかなとか、日本に帰ることになるかもしれないなどと考え、1人ぼっちの自分をとても惨めに感じていました。

そんなとき、私は誘われて教会の子育て支援プログラム「マミー＆ミー」に通い始めるようになり、アメリカで初めて友だちができました。このプログラムを主催する教会の人たちが本当によくしてくださり、今のようにネットの情報がなかった当時、子育てもアメリカの生活もわからない自分にとって大きな心の拠り所となりました。

聖書の勉強

そんなときに、「ヨーコ、聖書の勉強してみない?」と、牧師先生から声をかけられたのです。私はうれしくて、すぐに「やります」と答え、「マミー&ミー」に参加しているママたちにも声をかけました。でも、みんなの反応は意外なものでした。「えーっ、宗教!? 興味ないわ」「ヨーコ、大丈夫?」「キリスト教の神様なんて大嫌い!」……。

それまで一緒に楽しい時間を過ごしていたのに、なぜみんなが神様を嫌がるのか、私には全く理解できませんでした。しかし、仲の良かった2人の友だちと一緒に聖書研究を始め、1年後に3人でバプテスマを受けることができたのです。

しかし、クリスチャンになったらきっと変われる、こんなだめな自分でも神様は愛してくださるという気持ちとは裏腹に、「自分はだめだ、1人ぽっちだ」という感情をなくすことはできませんでし

だれでもキリストにあるならば、その人は新しく造られた者である。古いものは過ぎ去った、見よ、すべてが新しくなったのである。

コリント人への第二の手紙五章一七節、口語訳聖書

た。神様の教えを学べば学ぶほど、それに従うことができない自分がクリスチャンとしてだめなんじゃないかという感情が湧き上がってくるのです。神様は大好き、だけど自分は全然新しくなっていない……。そう思い、苦しんでいました。

そんなある日、牧師先生がわが家に来て、時間をかけて私の話を聞いてくださったのです。そして、一緒にお祈りしている最中に、忘れていた幼い頃の思い出がパッと頭の中によみがえってきました。

よみがえった昔の思い出

実は、小学校2年生の頃、私は教会に通っていました。弟の保育園に隣接する教会の日曜学校に行ってみたらと、母に言われたのです。私は1人でバスに乗って教会に行きました。中に入ると、小さい子どもたちが歌を歌っていました。聞いたことのない賛美歌で、「わーっ、すごいなぁ。なんか楽

しいな」と思いました。

そして、あるタイミングで子どもたちが一斉に立ち上がり、暗唱し始めたのです。

「天にまします我らの父よ、願わくは御名を崇(あが)めさせたまえ……」

マタイによる福音書6章9～13節にある「主の祈り」でした。

崇めさせるってどういうことだろう、日用の糧(かて)って何?

聞いたことのない言葉を、自分と同じくらいの年齢の子どもたちがすらすらと大きな声で唱える姿を見て、なんてかっこいいんだろうと思いました。そこで、私も一生懸命覚えました。子どもたちの言葉を耳で覚えて家で練習し、教会で間違っている箇所を確認して覚えて……というのを、1人で何回も繰り返したのです。

しばらくして教会には行かなくなりましたが、その時に初めて「神様」という言葉と祈ることを覚えたようです。

もう一つ思い出したことがあり

ました。私は大学生のときに、地元のキリスト教団体主催のボランティアグループに属し、学生リーダーとして子どもたちと一緒に山や海やキャンプによく行っていたのです。宗教は関係なく、ただ楽しいという思いで続けていました。

　ある晩のリーダーミーティングのときに、仲の良かった友だちが泣いていました。話を聞いていると、スタッフの牧師先生が来て、一緒に話を聞いてくださったのです。そして、最後に彼が祈ってくれたのが、主の祈りでした。意味はわからなかった私も、「あっ、これ覚えてる」と、先生と一緒に祈りました。

1人ではなかった

　不思議なことに、こうした神様との思い出は、それまで私の頭から完全に消えていたのですが、これらがよみがえったときに、初めて心から救われた気がしました。

　神様を知らない母が私を教会に送り出し、「神様」「聖書」「教会」といった言葉が私にとって心地良いものとして感じられたのは、幼い頃のただただ楽しかった教会での思い出があったからだと思います。私は1人ではなかったのです。「神様、疲れました。もうだめです」と思ったときに、神様の存在に気づきました。神様は私の不安を取り去り、傷ついた心を癒やしてくださったのです。

YouTubeのお話は
こちらから▶▶▶

これまでだれだかわからずに頼ってきた正体が
やっとわかりました

何かに守られている

永江祥子

佐賀県伊万里市 佐世保教会

2年ほど前まで、自分にとってのYouTubeは、レシピを見たり、好きなアーティストのライブ映像を見たり、スポーツを見たりして楽しむものでした。ところがある日、普段そういったものを視聴している私のスマホに、よくわからない動画が「おすすめ」として表示されたのです。

おすすめ動画

　パッと見て何の動画かわからなかったので開いてみると、「聖書にはこう書いてある」というような内容で、話の至るところに聖書の言葉が散りばめられていました。「あぁ、なんかすごいものを見てしまった」と、特に心に響くものもなく、その日は終わりました。ところが、その動画を見たあとから、聖書研究の動画が「おすすめ」に表示されるようになったのです。聖書研究……。だれが聞いても、もろにわかるような宗教の話です。聖書研究なんて見なくていいやと思い、最初は無視していました。

　ところが、何度も何度もYouTubeはすすめてきます。それならちょっとだけ見てみようかと、ある日クリックしてみました。50分ぐらいの動画だったと思いますが、1本見終わったあとの私の感想は、「次も見たい」だったのです。

　シリーズ物なので10本以上の動画があり、2本目を見たら次が見たい……と、数日かけてそのシリーズをすべて見ました。

　そのうちに、自分も聖書を読んでみたいという気持ちになり、聖書を手に入れて読みました。聖書研究の動画は、最初に見たシリーズ以外にも、いろいろな種類があります。そこで、まず自分で聖書を読み、同じ箇所の聖書研究の動画をYouTubeで見るという生活に変わっていきました。

　しばらくすると、教会に行ってみたいと思うようになりました。でも、教会といってもたくさんあり、どこに行ったらよいのかわか

My Story｜Shoko Nagae

13

りません。そこで、動画に出てくる牧師さんのように、見よう見まねでお祈りしてみることにしたのです。

「神様、教会はたくさんあります。どの教会に行ったらいいのかわかりません。どうかどこに行くべきか教えてください」

祈ってからすぐにではありませんでしたが、幾つか動画を見ているうちに、話をしている牧師さんが、「私自身は〇〇（教派）の牧師なのですが」と言ったのです。そこで〇〇という教会をインターネットで調べ、一番近い教会に行ってみることにしました。

ヒッチハイク

話はさかのぼりますが、20歳の頃、私は大阪の学校に通っていました。ある夜、車に乗って出かけました。免許を持っていなかったので、運転をしてくれる人を見つけ、その人と車内で話をしていました。ところが、そのうちに私は余計な一言を言ってしまったのです。すると、彼がすごい勢いで怒り始めました。キレるというレベルではなく、烈火のごとく怒り、罵声を浴びせてきます。とうとう私は車から降ろされる羽目になりました。

しかし、私が降りたあとも、車の窓からずっと罵声を浴びせてきます。「あぁ、どうしよう。恐ろしい……」と思っていると、突然、目の前に光が現れました。形はわかりませんが、何か黄色い光るものが現れたのです。すると、彼の怒りの勢いが徐々に弱くなり、表情も次第に泣きそうな顔になっていきました。しまいには捨て台詞だけ弱々しく吐いて、去って行ったのです。

とりあえず罵声から解放されたので、ホッと安心しました。しかしその瞬間、自分がどこにいるのかわからないという状況に気づきました。どう見ても山の中です。通る車も多くありません。どうし

よう……。タクシーを呼ぼうにも、自分のいる場所がわからないので、どうしようもありません。

しかしそのうち、根拠はないのですが、「助かる、どうにかなる」という気持ちになってきました。そして、車も何台かは通っているので、ヒッチハイクをしようと思った途端、私を降ろした車がブーンと戻って来ました。あぁ、殺されるかもしれないと怖かったのですが、窓が開き、「ヒッチハイクするんやったら、大阪はそっち違う。あっちやで！」と言って、また去って行きました。

とりあえず、帰る方向はわかりました。どちらに向かっている車をヒッチハイクすればよいのか、わかったのです。

ヒッチハイクを始めると、2台、3台と車が通り過ぎて行きました。夜中に助けてくれと言ってくる人がいたらだれだって怖いので、当たり前だと思います。でも、数台目にトラックの運転手が乗せてく

水の中を通るときも、わたしはあなたと共にいる。

大河の中を通っても、あなたは押し流されない。

火の中を歩いても、焼かれず

炎はあなたに燃えつかない。

わたしは主、あなたの神

イスラエルの聖なる神、あなたの救い主。

イザヤ書四三章二─三節上句

れ、アパートの近くまで連れて帰ってくれました。

「なんで乗せてくれたんですか? 怖くなかったんですか?」と尋ねると、「いつもヒッチハイカーを乗せていたので、怖くなかったよ」と言ってくれました。

助けてくれたのはだれ?

黄色い光が現れたとき、私は祖父母が助けに来てくれたのだと思っていました。なぜなら、小さいときから毎月必ずみんなでお墓参りをしていたからです。父も朝晩必ず仏壇に手を合わせて拝み、祈っていました。だから、2人が助けに来てくれたと思ったのです。

ところが違いました。聖書には、人は死んだあと眠っている状態である、死んだら意識のない状態になると書かれています。意識のない人が急に起き出して、助けに来てくれるはずがありません。

では、だれだったのでしょうか? 今思えば、神様だったのです。

このような不思議な経験以外にも、私はピンチに陥ることが多く、だまされてみんなの前で恥をかかされそうになったこともたびたびありました。ところが、そういうときには、ギリギリのところで急に流れが変わるのです。「助かった。守られている」と感じることが何度もありました。たぶん私だけでなく、だれにでも、見えない何かに守られていると肌で感じる瞬間があると思います。

私は意志も弱く、無力で、自分で変わることもできない、どうしようもない者でした。でも、これまで目に見えない、何なのかわからないものにすがり、頼って生きてきました。

聖書にはこう書かれています。私の好きな言葉です。

恐れてはならない、
わたしはあなたと共にいる。
驚いてはならない、
わたしはあなたの神である。

わたしはあなたを強くし、
あなたを助け、
わが勝利の右の手をもって、
あなたをささえる。

　　　イザヤ書41章10節、口語訳聖書

　「右の手」と書かれています。それまでずっとだれだかわからずに頼ってきた正体が、ここ数年でわかりました。神様にやっと出会えたのです。

　それまで、神様だと気づきもせずに頼ってきたわけですが、神様はずっと私を守ってくださいました。人間だったら、自分が助けたのに、助けた相手がほかの人に感謝するとしたら、嫌な気持ちになるかもしれません。それも1回や2回でなく、何度も何度もです。それでも私を見捨てずに、ずっと守り続けてくださった神様に感謝する毎日です。

YouTubeのお話は
こちらから▶▶▶

バリバリの理系学生だった私は
目に見えないことは信じていませんでした

目に見えない世界、
これもありだ！

福元正俊

千葉県柏市 柏教会

今から40年ほど前のことです。千葉大学工学部の学生だった私は、ある日、アパートの畳の上に寝転がり、天井の木目模様をなんとなく目で追いながら考えていました。「こうやって学生生活を過ごして卒業、そして就職、結婚、子どもが生まれて、退職、そして死ぬ。次々にやることはあるけど、その先は？　死んで終わりなのか？　人生に生きる意味とか目的はあるのか？　それとも、楽しんでおしまいなのか？」

特に人生に悩みがあった訳ではありませんが、何となくそんなことを考えたのです。

石が積んであるだけ

私は中学生の頃から英語が好きだったのですが、会話はまるっきりダメでした。それでアメリカ旅行をすることにし、友人を誘いました。しかし、「アメリカは何度も行った。ヨーロッパなら一緒に行く」との返事で、「格安旅行！

ヨーロッパ4週間の旅」に出発しました。最初の2週間は、イギリスの町ボーンマスでホームステイをして、午前中は英会話の勉強。旅の後半は、ヨーロッパを自由に1人旅しました。

春先のイギリスは曇り空ばかりで、2週間が過ぎると、青い空と青い海を見たくなり、フランスを抜けてエーゲ海に向かいました。2週間で7か国を巡り、名所を見て回りました。バッキンガム宮殿、ストーンヘッジ、モナ・リザ、ピサの斜塔、コロシアム、アルハンブラ宮殿……。特に気になったのが遺跡でした。遺跡を見るたびに、「建造物だけが残っている」、そう思えたのです。

「人間が頑張ったのに、だれも残っていないじゃないか。石が積んであるだけ。これらを造った人は消えてしまった……」。畳の上で考えたこと、つまり「人生に何の意味があるのか？」という疑問と似たような感じです。

19

その時です。ふと、こんな考えが思い浮かびました。「宇宙のどこか遠いところから、これらすべてを見ている人がいて、覚えていたとしたら、何か意味が出てくるかもしれない」と。

ずうずうしいお願い

帰国後、大学の近くの英会話学校に入学。入って間もなく、先生がみな20歳前後のクリスチャンであると知りましたが、同世代だったこともあり、すぐに大の仲良しになり、週2回、英会話学校に行くのが楽しみでした。

そのうちに、クリスチャンである彼らの無料のバイブルクラスに参加し、そこで初めて信仰や聖書の話を聞くことになります。私はバリバリの理系ですから、「非科学的なことなんか」と、キリスト教を完全に否定しました。宗教とか信仰とか、目に見えないことは信じられるはずがありません。

そうこうする中、大学を卒業す

る前に、今まで学んだ英会話の実践と遊びを兼ねて、アメリカ旅行を思い立ちました。資金をはじめ旅行に不安があったので、無理を承知で英会話の先生たちの家に泊めてもらうことにしたのです。

日本にいる先生たちに相談するとともに、すでにアメリカへ帰国した先生たちにも連絡しました。「ねぇ、アメリカ旅行するから、空港や駅まで迎えに来てくれないかなぁ。そして、泊めてくれない？市内でいいから観光にも連れてって。最後の日には、次の駅まで送ってと家族の人に頼んでよ」と。最高にずうずうしいお願いをしたのです。

しかし驚くべきことに、このずうずうしいお願いに、帰国した2人の先生と日本にいる5人の先生、合計7人の先生が「OK」と言ってくれたのでした。

おかしな人たちと変わった生活

卒業を控えた1987年の春先、

約2週間の北米単身旅行に出発。飛行機で東海岸ワシントンDCに到着。

　そこから始まり、先生たちの家族に迎えに来ていただき、泊めていただき、観光スポットへ連れて行っていただき、親戚に紹介されたり、教会に連れて行かれたり、3家族の心あふれる「質素」な歓待を受けました。ついで、大陸横断長距離バスで足掛け3日間走り続け、西海岸のロサンゼルス、ロマリンダへ。ロサンゼルスからサンフランシスコへの旅行では、別の4家族にお世話になりっぱなし。最後は、サンフランシスコから帰国。カルチャーショック連続のあっという間の2週間でした。

　日本に帰ってしばらくの間、考えていたことがありました。それは、「彼らクリスチャンの生活は、ずいぶん変わった生活だ。質素なのに、笑顔にあふれていて、家庭中心。教会、お祈り、自然が大好きで、夫婦仲がいい。しかも健康

神である主、今おられ、かつておられ、やがて来られる方、全能者がこう言われる。
「わたしはアルファであり、オメガである。」

ヨハネの黙示録一章八節

志向。土曜日はパーティーに行くかのように教会へ行く。そして、超親切……」といったことでした。

彼らは、おとぎ話みたいな聖書の物語を素直に信じていて、実に変な人たちのはずなんです。でも、変なことを信じていても、まともな生活が成り立っていたのです。そして、時が経つにつれ、「結構、いい生活だったよなぁ」「あっちのほうがいいかも！」と、クリスチャン生活への肯定的な思いがだんだん強くなっていきました。

目に見える世界と見えない世界

そこで聖書を読むことにしました。彼らが何を信じているのか、自分で確かめたかったのです。最初から最後まで全部読みました。結構大変で、時間もかかりました。よくわかりませんでしたし、全然わからないところもありました。

しかし、わかったことが一つありました。それは、短くとも1000年以上の時を超えて、何かをしようとする意志を持つエネルギーが存在すること。そして、それは人間をはるかに超える英知を持っているということ。聖書はそれを、「あってある者」、つまり「永遠に存在する者」、「神」と呼んでいるということ。そういうことがわかったのです。

これは、私にとって驚くべきことであり、とても大事なことでした。ヨーロッパ旅行の最中に、人の一生を見ている存在について考えましたが、聖書は、実際にそういう存在である「神」がいると言うのです。目から鱗でした。

それまでは、目に見えること、数値で測れるものだけを信じて生きてきました。目に見えないもの、幽霊、神様、悪魔がいるなんて、考えたこともありませんでした。

しかし、アメリカでクリスチャンの生活に飛び込んで体験したことや、聖書から得た知識により、考えが広がりました。「目に見えない世界、これもありだ！」と。私

の世界が大きく広がりました。両方が存在するのだと気づいたのです。

今までは、目の前の「見える世界」を見てきました。しかし、頭の後ろや上に広がる大きな大きな見えない世界に気づいたのです。そうわかったとき、「宗教OK」「神様OK」となりました。

「死んでくださった」

そこで、牧師と聖書の勉強をすることになりましたが、間もなく聞いたことのない言葉に出会いました。「死んでくださった」という言葉です。「だれかのために死んだ？　しかも敬語。偉い人がほかの人のために死んだってこと？」意味不明です。

聖書をさらに勉強してわかりました。神の子イエス・キリストが私を愛するがゆえに、十字架の上で私の罪を背負って身代わりとなって死んでくださり、それによって私に永遠の命が与えられた。私

の生きる目標は、天国に行くこと、なすべきことは、すべての人に永遠の命が準備されていることを伝えるということです。

なんとも驚くべきことではありませんか。以前の私でしたら、絶対に信じませんでした。でも、聖書を読んで、これらのことが意外に論理的だと思いました。工学部出身の私が、そう思ったのです。頭で理解したことを、そのうち心が受け入れていました。そして、私はクリスチャンになりました。

YouTubeのお話は
こちらから▶▶▶

私が欲しかったのは
ただ愛されることだったのです

「あなたは私に
同じことをしている」

アイビ・タギアム

神奈川県横浜市 東京中央教会国際部

私はフィリピンのクリスチャンの家庭に生まれました。家族で教会に通い、家族で礼拝し、友人と聖書研究をして育ちました。5歳になるまでは、家族の絆(きずな)がとても強かったのですが、両親は不倫が原因で離婚。すべてがバラバラになってしまいました。それまでの愛や安心感、心地よさが、突然消えてしまったのです。

　私は幼い頃、子どもが見てはいけないものを見、経験してはいけないことを経験しました。それは今でも自分の中に残っています。私の子ども時代は散々なものでした。

15歳で来日

　両親の離婚後、私たち姉妹は母と一緒に暮らすことになりました。父は休みの時に訪ねて来るだけでしたが、やがて母が私たちを養うために日本で働くことになると、母が日本で仕事をしている間、私たち姉妹は父と一緒に過ごしました。

　15歳のときに母が再婚することになり、私たち姉妹も日本に行くことになりました。日本語をはじめ何もかもが初めてで、慣れるまで大変な毎日でした。

　私たちが来日する前に、母はセブンスデー・アドベンチスト教会でバプテスマを受けており、私も17歳のときにバプテスマを受けました。しかし正直なところ、イエス様が自分に何をしてくださったのかも、安息日[*1]の大切さも全く理解しておらず、毎週の決まりごととして教会に通っているだけでした。

　15、16歳のときに、フルタイムの仕事を始めました。昼間は働き、夜はホームスクールで勉強をしましたが、ホームスクールは1年でやめ、フルタイムの仕事に集中しました。そして、働きながら日本語を覚え、夢だったグラフィックデザインの学校に通うことにしましたが、あることがきっかけ

で、計画を変更しなければならなくなったのです。私は7人兄弟の長女だったので、家族の生活のために自分の夢を断念しなければなりませんでした。そして、それがその後の反抗期の始まりとなりました。

私は、自分は家族に愛されていない、重要ではないのだと感じました。酒を飲むようになり、バーやカラオケ、映画館に行き、好ましくない人間関係を持ち、神様のことを考えない生活を送るようになりました。

心の底では、自分のしていることが間違っていると知りながら、心の中にある虚しさを満たしてくれる何かを、愛や喜びを探していました。同時に、聖霊*2が「それをするな」と言っておられるのが聞こえましたが、自分を見失うところまで来ていました。仲間やだれかといても満たされない、愛されていない虚しさを感じていました。私が欲しかったのは、ただた

だ愛されることだったのです。

人生のどん底

2014年は人生のどん底で、最も気持ちが沈み、すべてを投げ出したくなった年でした。

自分にも周りの人にも、そして神様にも、腹が立っていました。そんな私の惨めな姿に気づいた妹は、ライフスタイルを改めてみてはどうかと提案してきました。1週間だけでいいから、心を楽しませるだけの歌や映画を見聞きするのをやめ、代わりに牧師が語る説教や賛美歌を聞いてみたらどうか、もし1週間経って何も変わらなければ、それ以上神様のことは言わないからというのです。私は、これ以上失うものは何もないのだから試してみようと思いました。

ある日、私は気分がとても落ち込み、「どうして私をこんな目に遭わせるの！ なんで何度も傷つけられなきゃいけないの！」と神様に叫び始めました。その時、とて

もはっきりとした声を聞きました。まるで目の前にだれかがいて、話しかけられたような気がしました。その声はこう言ったのです。「あなたは私に同じことをしている。私はあなたにとって一番良いものをあげたいだけなのに、私はただあなたを愛したいだけなのに、あなたはいつも私を拒絶する」

この声を聞いた瞬間、聖書に登場するパウロ[*3]のような気持ちになりました。この時、生まれて初めて、私を救うために命をささげ、私のために最善を尽くしてくださる唯一の方に、自分がそれまでどう接してきたのかを恥じたのです。

そして、開いていた聖書を手に取り読みました。

だから、飲むにも食べるにも、
また何事をするにも、
すべて神の栄光のために
すべきである。
　　　コリント人への第一の手紙
　　　10章31節、口語訳聖書

見よ、わたしは戸口に立って、たたいている。だれかわたしの声を聞いて戸を開ける者があれば、わたしは中に入ってその者と共に食事をし、彼もまた、わたしと共に食事をするであろう。

ヨハネの黙示録三章二〇節

この言葉が直接語りかけてくるような感じがしました。そして泣きながら、「今まで耳を傾けず、自分勝手なことばかりしていたこの私をどうぞ赦してください」と神様にお願いしたのを覚えています。

それまでずっと好きなように生きてきたけれど、自分がしてきたことは神様に栄光を帰すようなものではなかった……。私は初めて神様と心を通わせて話ができました。そして、赦され、救われた喜びを味わって、心が平安で満たされたのです。

すべてが変わった

それから数週間のうちにすべてが変わりました。教会のプログラムや説教がすべて自分のために用意されているように感じました。私がより深く神様を知ることができるように、神様が道を用意してくださったのだと思いました。日を追うごとに、神様が聖書の次の

約束に忠実な方だということがわかっていきました。

主は言われる、
わたしがあなたがたに対して
いだいている計画は
わたしが知っている。
それは災を与えようと
いうのではなく、
平安を与えようとする
ものであり、
あなたがたに将来を与え、
希望を与えようとする
ものである。

エレミヤ書29章11節、口語訳聖書

私は心の虚しさを満たしてくれるアガペーの愛を探して、世の道に迷っていました。満たされないものを求め続け、イエス様がそこにいて、私がただその愛を受け入れるのを待っておられることに気づきませんでした。

この世の娯楽に楽しみを見いだすことはできるかもしれませんが、

結局はそれだけで満足できず、何か満たされない部分が残ります。私たちの心を満たし、永遠に続く喜びと愛を与えることがおできになるのは、神様だけです。イエス様だけが、世の終わりまで私たちを決して見捨てず、共にいてくださるのです。

*1 セブンスデー・アドベンチスト教会は、土曜日を安息日、聖日として守っている。
*2 父なる神、子なるキリストと並ぶ三位一体の神ご自身。人々の心に働きかけ、救い主（キリスト）へと導く働きを行う。
*3 かつてはキリスト教の迫害者だったが、復活されたキリストとの出会いにより、回心。その後、福音宣教に偉大な功績を残した。

YouTubeのお話は
こちらから▶▶▶

クリスチャンの信仰は親の信仰であって
僕のものじゃない
——
自分は好きなように生きていくと決めていました

牧師の家庭を飛び出して

ジミー渡部

群馬県高崎市 安中集会所

僕は牧師の家庭に生まれ育ちました。神様については小さいときから聞いていましたが、あんまり実感は湧かず、おとぎ話のようにしか感じていませんでした。

牧師の息子

小学校高学年になると、クリスチャンの環境の中にいるのが嫌でたまらなくなりました。なぜかというと、牧師の子どもはレッテルを貼られ、良い子でなくてはいけない、完璧でなくてはいけないというプレッシャーがあったからです。

中学校からは広島のド田舎にある全寮制のミッション系の学校に行きました。そこでもみんな、僕が牧師の息子だということを知っていたので、「お前、牧師の息子だろう。模範的になれ」と教師から言われたり、同級生からは、「お前の親父は牧師だろう。牧師っていうのはな、人々の働いた金を献金としてもらって生きているから、

ヒルみたいな連中だ。ヒルが人の血を吸うように、牧師も人々の金を吸い取って生きているんだ」と言われたりしました。

高校に入った頃には、クリスチャンの信仰は親の信仰であって僕のものじゃない、自分は好きなように生きていくと完全に決めていたのです。反抗的になり、酒やたばこ、パーティーに手を出して高校を何回か停学になり、もう少しで退学になるところまでいきました。退学になったら牧師としての親父のメンツが完全に潰れてしまうなぁという罪悪感もあったので、一応退学にならずに済んでよかったのですが……。

高校を卒業すると、僕は両親のもとに帰ることなく、広島の山奥の学校から鈍行列車で東京に向かいました。行くあても、仕事もありませんでしたが、とにかくクリスチャンの環境の中にはいたくなかったので、東京に飛び出したのです。

卒業したのが1月で、東京に雪が降った年でした。仕事はすぐに見つかり、警備員として夜の工事現場の見回りなどをしていましたが、最初の給料が入るまでの1か月間はひもじく、眠る場所も公園や山手線の電車の中や地下の駐車場などでした。お風呂も2週間に一度と、超汚い生活をしていたのですが、それでもクリスチャンの環境の中にいるよりはよっぽどいいと思っていたのです。

弟の病気

そのまま親のもとに帰ることなく、短大に入り、20歳になったときでした。

その頃、兄とは連絡を取っていました。蓼科（たてしな）のリゾート地で住み込みのバイトをしていた夏休みのある日、仕事が終わって携帯をチェックすると、兄からメールが入っていました。上の弟が脳内出血で倒れて危篤状態だから、すぐに帰って来いと。

「えーっ！」

とても驚きました。一応、自分にも兄弟愛はあって、兄とは気が合いました。弟たちもかわいく、5歳年下の弟が倒れたと聞いたとき、祈ってみようかなと初めて心から思ったのです。

急いで宿舎の屋上に上がり、タバコと缶ビールを両手に天を仰ぎました。

「神様。いるかどうかわからないけど、いるんだったら弟を救ってくれないかな。いるんだったら証明してください！」

そう心の中で叫んだのです。そして、「もし神様がいて、弟が死なずに回復したら、1年間だけあなたのために働きます」とも言いました。クリスチャンの環境が嫌だった僕は、「一生あなたのために働きます」とは言いたくなかったのです。

次の日、弟のことを理由に仕事を辞め、羽田空港から当時沖縄にいた両親のもとに向かいました。

那覇空港から、弟が入院している名護病院まで直接行きました。

　弟は、ICUで体中チューブにつながれている状態でした。それを見たときに大粒の涙が流れました。最後に弟を見たのは、まだ元気な小学生のときでした。15歳になった弟のそんな姿を見て、ショックで仕方がなかったのです。

　なぜ脳内出血になったのか、原因はわかりません。医者たちは、出血もかなり大量で即死する危険性もあった、もし回復したとしても、半身不随で一生ベッドでしょうと言っていました。が、弟は奇跡的に回復して、6か月以内に学校へ戻ることができるほどになりました。本当に奇跡でした。医者たちも、15歳で脳内出血というのもありえないので、若いから回復したのかもしれないけど、これは奇跡だと言っていました。

神様との約束
　神様との約束を覚えていた僕は、

あなたがたの中で善い業を始められた方が、キリスト・イエスの日までに、その業を成し遂げてくださると、わたしは確信しています。

フィリピの信徒への手紙一章六節

短大を卒業したあと、アメリカの日本人教会で1年間ボランティアとしてバイブルワーカー*の働きをしました。

　その時、僕自身はクリスチャンではありませんでした。でも1年間、牧師と一緒に聖書研究をし、聖書を学ぶうちに、僕の固い心が和らいでいったのです。そして1年の終わりには、神様はいるかもしれないと思うほど心が変えられていました。

　聖書の言葉を読むとき、神様の心が伝わってきます。僕は二つの奇跡を見せられました。弟が癒やされたこと、そして僕の頑なな心が砕かれたことです。神様は存在される、そして今も人間に語っておられるということを経験したとき、僕はひざまずき、「神様、あなたを信じます。あなたのために何でもします」と言ったのです。

　音楽が好きだったので、クリスチャンミュージシャンになろうかなと思っていたのですが、神様の導きというのは不思議なものです。

神学部の勉強

　2004年の9月からオーストラリアの大学に入りました。最初に英語の勉強をしなければならず、大学レベルで急に英語で勉強するには何年もかかると思っていましたが、奇跡的に1学期だけで英語の勉強を終え、2005年から神学部で学び始めました。

　牧師になるつもりはなく、1年間だけ神学部で勉強して、ミュージシャンになろうと思っていました。しかし1年が終わり、「バイバイ。僕、日本に帰るかも」と同級生たちに言うと、「1年やって楽しかったじゃないか。もう1年やろうよ!」と励まされ、2年目も、「あぁ、勉強、嫌だなぁ。日本に帰って早く音楽やりたいなぁ」と思っていると、「2年やったんだろう。もう1年やろうぜ!」と。3年目も、「あと1年やったら大学の資格がもらえるんだよ」という感じで、4年

間があっという間に過ぎ去りました。

　その後も牧師になるつもりはなかったのですが、「経験のためにやってみろよ。何の仕事をするにも面接しなくちゃいけないから」と言われ、経験だけのつもりで牧師の採用面接を受けると、牧師としてのオファーが来たのは卒業生28人中9人だけで、その9人の中に僕の名前があったのです。

　ほとんどがオーストラリア人のクラスメイトの中で、なぜ外国人の僕にオファーが来たのかびっくりしましたが、祈ってみた結果、神様からやってみようという思いを与えられたので、2009年1月から牧師として働き始めました。

　今は牧師の働きに終止符を打ち、施設で働いていますが、どこにいても神様の話ができるというのは、クリスチャンとしてすばらしいことです。

　神様は本当におられ、私たちのことをよくご存じです。その神様を知るとき、人生の意味、希望、言葉では言い表せないすばらしい平安が、私たちの心に与えられます。

＊　牧師の指導のもと、聖書研究をする働き人のこと。

YouTubeのお話は
こちらから▶▶▶

毎日休みなく働き続けていたものの
心の中は不法滞在のことでいっぱいでした
これからどうなるのか、不安に駆られ
気分はどんどん落ち込んでいきました

行く先々で
与えられた出会い

高橋 豊

米国カリフォルニア州 ロマリンダ日本人教会

私は商売人の家で育ちました。裕福な家庭ではなく、両親は家計を支えるためにいつも忙しく働いていました。周りもほとんど商売人ばかりで、そのような環境で育ったのは良かった反面、幼い頃から、大人たちの荒々しい言葉が耳に響き、複雑な心境でした。

「そんなことだったら死んじまえ」「死んだほうがいいんじゃないか」と、小さい頃から死という言葉を簡単に聞かされていたので、だれかが死んでも泣くことはありませんでした。

コックとして

やがて、東京でコックの見習いとして働くようになりました。もう40年以上も前のことです。しかし、人間社会の汚さ、自分のできの悪さがあまりにも嫌になり、ある日、だれにも言わず、沖縄に行って死のうとしました。ところが、たまたま助かってしまったのです。

まだ私が高校生だった頃、知り合いが数名自殺し、同級生も焼身自殺をしていました。なぜ自分が生き残ったのかと思いましたが、死について深く考えることはありませんでした。死ぬのは当たり前だと思っていたからです。

その後、もう一度生きてみようと思い、東京に戻ることにしました。仕事を探しに渋谷へ行くと、「フランス料理のコック募集」という貼り紙が目に入りました。さっそく面接を受け、翌日から雇ってもらうことになりました。

しばらくして職場の先輩から、「アメリカに行かないか?」と誘われました。将来、私はフランスに行きたかったのですが、「フランスもいいけど、アメリカもいいぞ。アメリカで一緒にやらないか」と強く言われたのです。

私はその誘いに乗りました。彼の仕事ぶりも人間性もとても気に入っていて、この人だったらついて行ってもいいんじゃないかと思

ったからです。

先に彼がニューヨークに渡り、私も7か月後、不法就労と知りながら、観光ビザのまま同じ店で働くことになりました。そして、いつか永住権が取得できることを期待しながら、一生懸命働いていました。

身も心も限界に

ところが、ある日、オーナーが急死し、お店は大変な状態になりました。従業員はほとんど辞め、永住権の望みも絶たれました。しかし、ほかに行き場のなかった私は、いろいろな事情から急遽キッチンを任されることになったのです。

毎日、休みなく働き続けていたものの、心の中は不法滞在のことでいっぱいでした。このままアメリカにいられるのだろうか？ これからどうなってしまうのだろうか？ 私は不安に駆られ、気分はどんどん落ち込んでいきました。

仕事が終わるのはいつも夜中。アパートへ帰る途中、安いバーで酒を飲み、時々チャイナタウンの違法ギャンブル場に出入りするような日が続き、気づいたときには、身体も精神も限界になっていました。

私はマネージャーに頼み、3日間の休みをもらいました。2月の一番寒いときでしたが、少し遠くの田舎に出かけることにし、マンハッタンから高速バスでメイン州のウィスカセットという小さな町へ行きました。

着いたのは夜の9時頃でした。その日はバス停の向かいの小さなホテルに泊まることにして、バーのカウンターで酒を飲んでいると、突然、背の高い白人の男性が話しかけてきました。

"Are you a cook?（あなたはコックですか？）"

私は、なぜ自分のことを知っているのかとびっくりしましたが、彼はノースターレストランのヘッ

ドシェフをしていた方で、私の話を聞いてくれました。「メイン州で仕事をしたいか?」と聞かれた私は、「できれば」と答えました。

　翌日、彼は私をノースターレストランに連れて行き、オーナーに私のこと、不法滞在で働いていたことをすべて話してくれました。私は1日だけ仕事をしました。そのレストランで白人以外の人を雇ったことがなかったからです。次の日、私の採用が決まり、永住権のスポンサーもオーナーがしてくれることになりました。

　メイン州に移ると、オーナーの家族や従業員がとてもかわいがってくれました。全く知らない不法滞在の日本人、ましてや英語があまり話せなかった私を家族以上に大切に扱い、いつも励まし、心からの愛で支えてくれたことは、忘れられません。私はメイン州に来て初めて人の優しさを肌で感じ、心を強く打たれる経験をしました。

　あなたがたの会った試練で、世の常でないものはない。神は真実である。あなたがたを耐えられないような試練に会わせることはないばかりか、試練と同時に、それに耐えられるように、のがれる道も備えて下さるのである。

コリント人への第一の手紙一〇章一三節、口語訳聖書

従業員の怪我

その後、永住権の手続きが進み、弁護士さんの計らいで強制送還は免れ、任意送還で一時日本に帰国しました。その時、私は家内と出会い、結婚の約束をしました（その後、結婚）。そして、永住の許可をもらってから、再びメイン州に戻りました。

しばらくして、南カリフォルニアのユカイパという田舎に引っ越すことになりました。5日間はレストランで働き、経済的な理由から、休みの日には庭の仕事をしていましたが、段々と庭の仕事が忙しくなっていったのです。やがて、そちらを専門にするようになりました。

このビジネスが順調に進んでいるように思えたときでした。従業員の1人が機械で怪我をしてしまったのです。まだ労災に入っていなかった私は、訴えられて多額の費用を請求されました。私は、自分1人では何もできないというこ

とがわかり、自分のいい加減な性格、思い上がり、怠慢さを初めて悔い改めることになりました。

そのような時に、知り合いを通してクリスチャンの弁護士を紹介してもらいました。その方は本当に優しく、正直で、いろいろなことを丁寧にわかりやすく教えてくれました。訴訟も信じられないような額で示談となり、私たちの家が取られることもなく、元どおりの生活に戻ることができました。

私はそれまで宗教が大嫌いで、宗教に頼っている人を哀れに思っていました。また、クリスチャンと聞くと、特別な枠の中に住んでいるような人をイメージして、枠にはまらず自分勝手に生きている自分には向いていないと思っていたのです。

しかし、訴訟問題が起きて弁護士に助けてもらったときから、クリスチャンは信頼できる人たちだ、彼らが信じている神を知りたいと思うようになりました。日本語の

使える教会に行きたいと願っていたら、ある方が一番近い日本人教会を紹介してくれました。

神様の確かな導き

　初めて日本語の聖書を読み、「初めに神は天と地を創造された」という言葉に、とても驚きました。さらに驚いたのは、私たち人間も神様が特別に計画して造られたということでした。

　私の家族や友だちにクリスチャンは1人もおらず、聖書を知るまで、私は人生をどのように生きていったらよいのかわかりませんでした。しかし聖書を通して、イエス・キリストが私たち1人ひとりを愛し、私の罪のために十字架にかかり、私のすべての罪を赦し、贖(あがな)ってくださったことを知ったとき、この真実で愛なる神様を信じていこうと決心して、家内と一緒にバプテスマを受けました。

　神様を知らなかったときも、神様は私の行く先々で必要なことを教え、導いてくださっていましたが、私は何もわかっていなかったのです。人生でどうしようもないときに、神様は必ず助けを与え、希望を持てるように導いてくださったことを、私は体験を通して教えていただきました。

YouTubeのお話は
こちらから▶▶▶

神様は
暗闇の中で死んでもいいと思っていた私を
神様のことを伝える伝道師にしてくださったのです

小さな声

中川花依

中川花依<ruby>かい</ruby>

豪州ニューサウスウェールズ州　ニューカッスル大学教会

私は宇都宮市で2人姉妹の次女として生まれました。進学したミッション系の大学で、初めてクリスチャンに出会いました。しかし、私には宗教に対しての嫌悪感があり、宗教は危ない人や弱い人がハマるものだという印象を強く持っていました。

親友の入信

大学2年生のとき、親友がクリスチャンになりました。キリスト教の背景のない人がなぜクリスチャンになれるのか驚きましたが、一つ言えるのは、クリスチャンになってから彼女が変わったということでした。ナイトクラブとお酒が大好きだった彼女が、「もうそういうのやめるわ〜」と興味がなくなっているのを見て、こんなことが起こるのか!?とびっくりしました。

でも私は、彼女が変わっていくのを認めたくありませんでした。その頃付き合っていた人とほぼ同棲をしていたので、彼女が神様に変えられたことを認めたら、自分がしていることも変えなくてはならないように思えて嫌だったのです。

アイスランド留学

大学3年生のとき、アイスランドに1年間留学しました。アイスランドは、自然が本当に美しく、ある時、オーロラが空で踊っているのを見ました。緑、ピンク、白の光が空全体に広がっているのを見たとき、自分がすごくちっぽけに感じ、もしかしたら自分より大きな存在、聖なる方がいるのかもしれないと思わされました。

アイスランドで出会ったクリスチャンの友だちが若者向けのグループに誘ってくれました。彼らは「罪」について話していましたが、私はそれまで一度も自分が罪人だと思ったことはありませんでした。人を殺したことも牢屋に入ったこともありませんし、もっと言えば、

43

自分は善人だと思っていたのです。彼らは、「私たちはみな罪人だ」と言いましたが、私の反応は、「いや、私は違う」でした。そのあと、友だちから、「イエス様を信じたら人生が変わるよ」と言われ、「イエス様がだれだか知らないけど、私は自分だけで十分。私の人生を下に見ないでほしい」と憤慨しました。

ボランティアの理由

帰国後、所属していたミュージカルクラブのボランティアでインドネシアの農村に行き、ミュージカルをする企画を立てました。プロジェクトのリーダーとして働いていたある日、小さな声がそっと私に尋ねました。「どうしてそのボランティアをしているの?」と。

とても優しい声でした。私は、「人の役に立ちたいから。子どもたちをハッピーにしたいから」と答えましたが、その声は同じ問いをやめません。やがて自分の心の奥底があらわにされました。貧しい子どものためというと聞こえはよくても、「いい人だね」と言われるからやっていて、人のためになりたいと言いつつ、他人を気遣う気持ちはなく、自分の利益だけを考えていたことに気づかされたのです。

それから次第に、自分が身勝手な人間であり、何かをするとき、いつも心の底では自分の利益ばかり考えていること、そして、その罪は自分の力では償うことができず、自分で自分を変えることができないことに気づきました。

人生の意味がわからない

大学を卒業する時期になりましたが、私は、自分が何をしたいのかわからないまま卒業してしまいました。大学生という肩書きを失い、周りの友だちが働いている中、自分も働き始めたら死ぬまで働き続けて、それで人生が終わってしまうのか、それだけが人生なのか、

本当の人生の意味は何だろうかと考えるようになりました。

　考えても考えても答えが見つからず、しまいには毎晩、人生の意味がわからないのになぜ生きなくてはならないのかと号泣する状態が続きました。ある日、自分はゴミのような存在だ、このまま死んでもだれも気にしないと思うほど落ち込みました。そして、「もうだめだ、死にたい」と思ったとき、初めて心の奥底から、「神様、あなたが本当にいるのなら助けてください」と祈ったのです。

　翌朝起きると、また小さな声が、「教会に行きなさい」と言うのが聞こえました。その日は水曜日でしたが、近くの教会で水曜日の朝に祈祷会をしていることがわかり、行ってみました。そして集まっていた人たちに、「自分の人生の意味がわからないので祈ってくれますか？　もし神様が私に目的を持っているなら、それに従いたいのです」とお願いして祈ってもらい

あなたの道を主にゆだねよ。
主に信頼せよ、主はそれをなしとげ、
あなたの義を光のように明らかにし、
あなたの正しいことを真昼のように明らかにされる。

詩篇三七篇五、六節、口語訳聖書

ました。

その後、バイトに行って海外留学のサイトを見ていると、シドニー大学が目に入りました。それまでも留学を考えたことはあったのですが、オーストラリアという選択肢は一度もなく、アメリカやイギリスの大学に入るための英語力は私にはないのであきらめていました。

シドニー大学には学びたかった専攻があり、入学に必要な英語力も問題なく、学費と生活費も奨学金でサポートしてもらえることがわかりました。偶然だと思われるかもしれませんが、その時の私には神様が働いておられるとはっきり感じられたのです。

そして、卒業の時にクリスチャンの友だちがくれた聖書の言葉*を思い出したのです。自分で人生を切り開いていかなくても、神様という方が私のための計画を持っておられるのだから、その計画に従いたいと心から思い、オースト

ラリアに行く3日前にバプテスマを受けました。

留学生活

オーストラリア行きは神様の導きだと確信していましたが、なぜオーストラリアなのか、なぜ大学院の勉強が1年だけなのか、疑問はたくさんありました。

オーストラリアに行く前に出会った友だちの紹介で、シドニーでは他教派(セブンスデー・アドベンチスト)のホストファミリーにお世話になり、教会に通い、聖書の勉強を始めました。その教会がなぜ土曜日に礼拝するのか不思議でしたが、毎週教会のあとに自然の中を散歩したり、友だちの家で歌を歌ったりするうちに土曜日が大好きになったのです。

その後、引っ越しをして3人の教会員とシェアハウスをすると、彼女たちがベジタリアンの料理を教えてくれました。肉も入っておらず、シンプルな料理なのに、な

んでこんなにおいしいんだろうと
びっくりしました。彼女たちの食
生活をまねると、次第に体の調子
がよくなり、大学院の勉強も集中
できるようになり、ライフスタイ
ルも変えられていきました。

　やがて勉強を終えて帰国する日
が近づいてきました。日本に帰っ
たら自分がどうなるのか、クリス
チャンとして生きていけるのか、
さまざまな不安がありました。す
でに帰国の飛行機を予約し終えた
年末に教会の講演会が行われ、そ
れに参加したのですが、私はそこ
で一つの聖句に心を打たれました。
イエス様が弟子たちに、「わたし
に従いなさい」と言われたとき、
弟子たちが言い訳をしている場面
です。

　私はイエス様についていきたい
と思いつつも言い訳を見つけて、
完全に自分の人生をゆだねること
ができずにいました。しかし、こ
のとき初めて、すべてを神様に託
そうと降参し、講演会の最後に問

われたいくつかの質問──「安息
日を喜びとしたいですか?」「神様
に人生をゆだね、バプテスマを受
けたいですか?」「聖書を学ぶ学校
に進みたいですか?」──にすべ
て"YES"と答えたのです。

　アドベンチストの教会員として
再びバプテスマを受けた私は、聖
書を3か月間集中的に学ぶ訓練学
校に行き、今はオーストラリアで
バイブルワーカーとして働いてい
ます。英語もろくに話せなかった
私が海外で聖書を教えているとい
うのは、奇跡としか思えません。
神様は、暗闇の中で死んでもいい
と思っていた私を、神様のことを
伝える伝道師にしてくださったの
です。

＊　エレミヤ書29章11節、28頁参照。

YouTubeのお話は
こちらから▶▶▶

ある意味
クリスチャンって偽善者だと思っていました
聖書に書いてあることを実際に行っている人を
見たことがなかったからです

これは本物だ

野澤直史

米国イリノイ州 ガーニー教会

私は高校2年生のときに、アメリカの高校に10か月ほど交換留学し、ホストファミリーや周りの人たちを通して、キリスト教に出会いました。

キリスト教との出会い

アメリカでは、宗教というと、やはりキリスト教で、その信仰が日々の生活の中でよく見られました。また、ユースグループの人たちが教会に誘ってくれて無下にも断れず、文化を学ぶ機会、勉強の一環という気持ちもあって、教会に足を踏み入れたことを覚えています。

それから7年ほど聖書や神様のことを勉強して、最終的にバプテスマを受けました。7年の間には、いろいろ紆余曲折がありました。教会に熱心に行く時期もあれば、全然行かない時期もあったし、信じようとしてみたり、「本当なの、これ？」とか、キリストは神様ではないのではないかと疑ったり、

年齢的にも17〜24歳という多感な時期だったので、自分は何者なのかとか、いろいろなことを考えていました。

自分が個人的にクリスチャンになったなと思ったのは、バプテスマを受ける約半年前のことです。テキサス州の大学を卒業し、アメリカのデトロイト周辺の日系企業（自動車業界）に入りました。会社に勤めながら教会に通っていましたが、いろいろなことがあって、「あっ、自分は罪人なんだ」ということが頭だけでなく、心でわかって、その経験を通してクリスチャンになったのだと思います。

バプテスマは必要か？

ただし、信じたとは言っても、バプテスマの必要性というのは特に感じませんでした。幾つか疑問があったのです。

神様は全知全能で非常に力強いお方だと聞くけれど、実際に苦しんでいる人はいくらでもいるわけ

49

で、そこに矛盾を感じました。神様はなぜ何もされないのかと……。

そういう質問をだれかにぶつけても、神様は私たち人間の領域を超えておられるから、それを信じるのが信仰だとかいうような答えが返ってくる。でも、本当にそうなのか？　なんか信仰という言葉を都合よく使って丸め込まれていないだろうか？　何か納得できない……。

また、日本には先祖代々の野澤の墓があり、自分はひとりっ子で長男としての責任があるので、どうすればいいのかとか、いろいろ考えていました。

だから、自分はクリスチャンだと思っていても、バプテスマの必要性というものは感じなかったのです。

アパート探し

そのような考えが変わっていったのは、トロントに転勤になったときでした。当時、アメリカの外国人の労働法が変わり、ビザが簡単に取れなくなりました。そこで上司から、一旦米国外に避難してほしい、カナダのトロント支店でしばらく働いてほしいと言われたのです。期間は4か月間で、5月から9月の予定でした。

トロントでアパートを探しましたが、契約は大体1年です。4か月しかいないのに、残り8か月分の家賃を払うというのも馬鹿馬鹿しいので、短期で住めるところはないかと思ったときにひらめいたのが、大学の近くならあるかもしれないということでした。北米の大学にはサマースクールがあり、それだけを受講する学生もいます。5月というのは少し早いけれど、6月から9月という期間がかぶれば、サマースクールに通う大学生と似たタイミングで賃貸できるのではないかと思って、大学の周辺を探しました。

そうしたら、あったのです。ヨーク大学の近くで、学生が泊まる

ような部屋でした。当時、私は23歳でしたので、そんなに違和感はないだろうと、その大学の近くに住むことになったのです。

引っ越した当時、ほとんど知り合いもいないので、大学のキャンパスを散歩していると、チラシを配っている人に出会いました。大学のクリスチャンサークルのメンバーでした。私はチラシをもらっても捨ててしまうので、「いや、結構です」と愛想笑いで去りました。

次の週末もキャンパスを歩いていると、今度は違う人でしたが、またチラシを配っていました。

その頃は、引っ越しの片付けも落ち着き、あまりすることもないので、日本人のゴスペル教会に行っていました。すでにアメリカで7年過ごしていたので、新しい場所に引っ越したとき、教会に行けば、ある程度いい人、危険でない人たちに出会えると経験的に知っていたからです。

心を尽くして主に信頼し、
自分の分別には頼らず
常に主を覚えてあなたの道を歩け。
そうすれば
主はあなたの道筋をまっすぐにしてくださる。

箴言三章五、六節

そういうこともあり、クリスチャンの集まりならと、集会が行われている大学のホールに行きました。

「本気でやっている」

中に入ると、みんな熱心にお祈りをしていました。おそらく20分くらいは祈っていたと思います。それまで私は、お祈りというのは食事の前などにする形式的なもの、儀式や挨拶という感覚が強かったのですが、ここではかなりの時間、みんなが心から祈っている。それを見たとき、「あっ、この人たちは本気でやっているんだ」「単に挨拶ではなくて、本当に自分の思っていることを伝え、神様と繋がりたいと思っているんだ」と思いました。

そこでは、聖書通信講座のレクチャーを、その大学の教授や理学療法士が行っていました。しかも、日曜日、火曜日、金曜日、土曜日と週4回……。週に4回もみんな

で集まって集会をしている。やはり、そこにも熱意を感じたわけです。そして話を聞いてみると、あまり真面目にやっていない時期があったにしろ、すでに聖書に7年間触れてきた私が1回も聞いたことのないようなことを、聖書から教えてくれるわけです。

当時私は、そんなにすることもなかったので、ほかの教会の聖書研究にも通っていましたが、基本的なことばかりで物足りなく感じていました。

一つのグループは、週1回で、すでに知っていることを何度も言ってくる。もう一つのグループは、新しいことをたくさん教えてくれる。しかも週4回！ 当然、後者のほうが知的好奇心を刺激するし、どんどん引っ張られていく。その中で、やはりこれは本物だなって思ったのです。

また、そのメッセージを伝える講師の1人は、あくまで理学療法士です。でもその人は、これを伝

えたいがために、わざわざパート
タイムで仕事をしているという。
どれだけ本気なのか。また、その
人は完全菜食だったので、食べる
ものにもこだわるし、見るものに
もこだわるし（映画は観ない）、
すべてのことにとてもこだわって
いるわけです。神様のみ心を求め
ている人だなぁと、心から思いま
した。

　ある意味、クリスチャンって偽
善者だと、私は思っていました。
聖書には書いてあっても、実際に
それを行っている人を見たことが
ないなぁ……と。

　でも、その理学療法士は違いま
した。「うわっ、この人は本当に
すべてのことに神様を見いだそう
としているし、神様に栄光を帰そ
うとしている。こういう人に初め
て会った。この人が信じ、この人
が教えてくれることは本当に違い
ない。この人は間違いなくクリス
チャンだ」と思ったのです。

　そうした人との出会いと聖書の

真理に心を打たれ、私はバプテス
マを受けるに至りました。

YouTubeのお話は
こちらから▶▶▶

私の小さなプライドは
他人に弱さを晒して助けを求めることなど許さず
一人で問題を解決しようとしました

与えられなかったサイン

落合 潤

米国カリフォルニア州 ロマリンダ日本人教会

私は両親がクリスチャンの家庭で育ちました。幼いときから教会へ行き、生活には常に聖書の教えがありました。小学校から高校までをミッション系の学校で過ごし、中学校3年生のときにはバプテスマを受けて、正式にクリスチャンとなりました。

大学生活

大学では、1年目は英語系の授業が中心で、自分の専攻に関する基礎科目が本格的に始まったのは2年生からでした。英語はそれほど苦手ではなかったので、最初の年は大きな苦労もなく、このままの調子で楽しい4年間を過ごせそうだと思いました。

2年目の春、桜が美しく咲くキャンパスで、最初の授業。数学の基礎科目のクラスに颯爽（さっそう）と入って行きました。授業が始まりました。私はクラスを間違えたかと思いました。黒板に書かれていること、先生の解説。どれをとっても、今まで触れてきた数学とは違い、まるで外国語を聞いているようでした。

クラスメイトを見回しても、とまどっている様子は見られません。むしろ積極的に質問やディスカッションをし、彼らの話していることも外国語のように聞こえました。大きな衝撃とショックを引きずりながら、最初の授業をあとにしました。大学2年生になって初めて、周りと自分の基礎学力の差に気づいた瞬間でした。

高校を卒業するまで、どんな勉強をするにも大きな苦労をしたことがなく、大学受験も推薦入試で、たいした受験勉強もしてきませんでした。世間に対する無知と、自分の能力への過信が大きな付けとなって私を打ちのめしました。しかし、私の小さなプライドは、他人に弱さを晒して助けを求めることなど許しませんでした。「できないやつ」というレッテルを貼られたくない、自分の実力はこんな

ものではない……、そうした思いが邪魔をして、1人で問題を解決しようとしました。

当然、1人でどうにかできるはずもなく、授業についていけないまま、その授業の単位を落としました。その後も、いくつかの授業で全くついていけないという経験をしましたが、それでもなお、だれかに助けを求めることをせず、単位を落とすか、ギリギリの点数で合格するということを繰り返し、3年生になる頃にはすっかり自信をなくしていました。

周りの学生が就職活動に勤しみ、次々と内定を取りつける中、私は比較的競争率の低い内部の大学院へ進学しました。自分はみんなと同じ土俵で戦えるはずがない、社会に認めてもらえないかもしれないという思いから、就職活動を敬遠したのです。

修士課程に入り、あっという間に再び進路選択の時がやって来ました。同期の学生が研究機関や企業の研究職への道を拓いていく中で、再び私は内部の大学院後期課程に進学を決めました。とはいえ、研究というのも決して簡単なものではありません。なかなか成果を出せないうちに時間はどんどん過ぎ去り、そんな自分と確実に人生のステージを登っていく同期を比較し、さらに自信をなくしていきました。

もがいた日々と新たな選択肢

とうとうある日、私は研究室へ足を運ぶことができなくなってしまいました。

私は神様に祈りました。いや、祈ろうとしました。ですが、一体何を祈ればいいのか、当時の私にはわかりませんでした。

自分が歩んで来た道は、神様が用意してくださったものだと信じていました。しかし、本当に神様がこの道を備え、この先も導こうとしておられるのか、神様は本当に今自分のそばにおられるのか、

わからなくなっていました。

　私があの日々に何を祈ったのか、正直なところ、よく覚えていません。ですが、一つのことに気づきました。私は子どもの頃から何の仕事をすることになっても、神様のための働きがしたいと思っていました。しかし、いつしか大学院を卒業して学位を取ることで自信を取り戻し、人生を逆転させるんだといったモチベーションで生きていたのです。先のことは頭になく、卒業すれば何らかの道は開けるだろうし、学位さえ取れば、自分が落ちこぼれではなかったことが証明できると思っていました。

　証明できる……。いったいだれに証明したかったのでしょう。社会にです。大学の同期にです。友人や家族にです。そこに、かつて神様のために働きたいと思っていた自分はありませんでした。

　長い時間とたくさんのお金をかけ、毎日、息が詰まりそうになりながら必死に歩いたのは、傷つい

わたしはぶどうの木、
あなたがたはその枝である。
人がわたしにつながっており、
わたしもその人につながっていれば、
その人は豊かに実を結ぶ。

ヨハネによる福音書一五章五節上句

た小さなプライドを修復するためでした。そう考えたとき、この先も同じモチベーションで厳しい研究の道を続けることはできないと感じました。

そんなとき、アメリカで働いている兄から、医療の道に興味はないかと言われ、考えもしなかった選択肢が与えられました。医療従事者と接することが多い環境で育った私にとって、その道を志すことに興味はあり、かつて抱いていた、神様のための働きがしたいという思いにも一致している気がしました。

しかし、ここでも問題になったのは、過去へのこだわりでした。医療の道は、自分が勉強してきた分野と全く異なる世界です。あと2、3年すれば博士課程を修了できるかもしれないという時点で、今まで積み上げてきたものを捨て、進路を変更することを自分が受け入れられるのか、途中でやめたことを逃げととらえ、将来の自分が

それを後悔し続けるのではないかという不安がありました。

しかし私は、クリスチャンとしてどう生きていきたかったのか、その根本の問題にもう一度向き合い、改めて祈りました。

「このまま我慢して大学院を修了するべきでしょうか？ そうであれば、その先の道筋を見せてください。それとも全く別の道を目指し、一からスタートし直すべきでしょうか？ あるいは、ほかにあなたのご計画があれば、示してください。私は、はっきりとわかるサインがほしい。それさえいただければ、どこへでもまいります」

与えられなかったサイン

数か月後、私はスーツケースとバックパックを持って成田空港にいました。進路について祈り始めてから出発する日まで、ついに神様からはっきりしたサインは与えられませんでした。この道に進みたいという確信がないまま、しか

し、もはや悩むのにさえ疲れ、なかば博打を打つ思いでアメリカに渡ることを決めたのです。

その後も幾度となく、これでよかったのかと迷うことはありました。しかし、以前と変わったことが一つありました。それは、神様と過ごす時間が増え、日々の出来事の中に神様の導きを見いだすことが増えていったことです。次第に私の関心事は、今進んでいる道が間違っていないかということではなく、今日、神様が近くにいてくださることへの感謝へと変えられていきました。

考えてみれば、私は自分の人生にしか興味がありませんでした。大学院時代は自分のプライドと面目を保つことだけを考えていました。ようやく神様のために働きたいという気持ちを思い起こしてからも、自分がクリスチャンとして満足のいく生き方をしたいという思いのもと、正しい答えを神様に与えてくださるよう求めました。

あくまで、神様よりも自分の人生の満足度に目を向けていたのです。

神様と共に生きることは、神様が常に正解を指し示してくださる人生ではありません。毎日、神様につながり、信頼することで、先の見えない明日であっても足を踏み出すこと、そしてその先で神様が働いてくださるのを見るということです。こう考えたときに、過去や未来に必要以上に気を取られるよりも、今日神様と出会い、いかに神様と過ごすかということが大切に思えるようになってきました。

YouTubeのお話は
こちらから▶▶▶

病院を出て顔を上げた私の前に
煌々と輝く十字架が見えました

十字架とお守り

輝楽智子

埼玉県狭山市　入間川教会

私の両親は東京で果物専門店を営んでいました。父は、店の前を通る子どもには必ずハイタッチをし、お年寄りが買い物袋を持って来れば、届けてあげるような優しい人でした。私は父に怒られたことが一度もなく、会うと決まって何でも褒めてくれる優しい父でした。

もっともっと

私は高校卒業後、警察官という仕事に就き、だんだん傲慢になっていきました。自分のしていることに、とても自信がありました。「これをやりたい」「あれをやりたい」「もっともっと」……。夢を追い続けて生きることが、何よりすばらしいと思っていました。警察を辞めてからも、それは続きました。その中で、何かが違うと気づきだしたのです。仕事が順調にいっても夢がかなっても人の名声を得ても、満たされない何かがあるのです。

警察を辞めて間もなくして、自分探しをするようになりました。自分はどんな人間なんだろう、何をすれば満たされるんだろう、平安になれるんだろう……。そして、求め続ける人生に疲れ果ててしまいました。終わりのない戦いのようでした。

父の異変

両親は果物専門店を閉じると、埼玉の狭山市に移り住みました。そして、笑いヨガを始め、毎日大きな声で笑い、楽しい日々を過ごしていました。

そんな時、父が体調を崩し、心臓の大手術を受けることになったのです。生死を分ける手術でしたが、父は笑顔で手術室に向かいました。何とか一命を取り留めた父。しかし、その手を触ると、氷のように冷たかったのです。もう父はだめだ、父が死んでしまう……。父の最期を感じる手でした。私は何とか助かってほしいという思い

で、毎日、父の手をマッサージしました。

大好きな父が1歩1歩死に向かっている姿に、父の前では気丈に振る舞うことができても、1人になるとおかしくなるような悲しさに襲われました。体の疲れは限界を超えていました。

そんな時でした。お見舞いの時間が終了し、病院から出て顔を上げると、左斜め前方に煌々と輝く教会の十字架が見えたのです。

涙があふれました。疲れきった自分を神様が守ってくれている。そう思ったのです。私は教会には通っていませんでしたが、お祈りはしていました。だから十字架を見たとき、神様が私を守ってくれていると、はっきりわかったのです。

私は、その教会で父のことを祈りたいと思い、電話をかけてお願いし、それから1週間、教会で祈らせてもらいました。牧師先生の奥様がいつも教会を開けてくださ

り、その優しくて温かい空気は忘れることができません。

教会の礼拝にも通うようになりました。そこで見た光景は、今でも心をえぐられるように覚えています。みなさんが膝をついて父のことを祈ってくれました。私の父のことなどだれも知らないはずなのに、まるで自分の家族が生死をさまよっているかのように祈ってくれたのです。その姿を見たとき、魂が震えるような感動を覚えました。神様を信じる人というのは、こんなに温かいんだと思ったのです。

お守りに書かれた言葉

いつ亡くなってもおかしくないと言われていた父は、入院してから5か月間も生きました。手術は8回、生死を分ける大きな手術は3回に及びました。その間、「痛い」「苦しい」といった言葉は、父から一切聞かれませんでした。十分に家族と触れ合い、旅立ったとき

の父の顔は笑っていました。

　看護師さんに聞くと、朝の歯磨きをして、「ありがとう」と言ってしばらくしてから意識がなくなり、心臓が止まったそうです。最期の言葉が「ありがとう」だったなんて、なんとも優しい父らしい。父は痛みから解放されたのだと知りました。

　しかし、大好きな父がいなくなってしまいました。私も教会のみなさんもあんなに祈っていたのです。帰り道、車内で悲しさがこみ上げてきました。「父を癒やしてってあんなに祈ったのに、どうして!?　神様は嘘ばっかり!」そう泣き叫んでいました。

　感情を落ち着かせて自宅に戻り、ポストを見ると、父の友人から手紙が届いていました。そこには、父がよくなるように神社にお参りしてお守りを買って来たので送りますと書いてありました。

　「父が亡くなった日にお守りだなんて。神様、あなたはどれだけ残

求めなさい。そうすれば、与えられる。
探しなさい。そうすれば、見つかる。
門をたたきなさい。そうすれば、開かれる。
だれでも、求める者は受け、探す者は見つけ、
門をたたく者には開かれる。

マタイによる福音書七章七、八節

酷なの。父を癒やしてくださいと
あんなにお祈りしたのに……」

　そんなことを思いながら袋を開
けると、立派な木箱の中にお守り
が白い半紙で包まれてあり、そこ
にはこう大きく書いてありました。
「完全治癒」と。

　「神様、これって、父が完全に癒
やされたってこと!?　それを私に
伝えたいっていうこと!?」

　気が狂いそうな悲しさの中で、
どんな事柄を通しても理解できな
くなっている私に、神様は間違い
ようのない言葉という手段を使っ
て、お守りの上に「完全治癒」と
書いて示されました。涙があふれ
て止まりませんでした。父が救わ
れたとわかったからです。この時、
私は完全に神様に従う決心をしま
した。

　私は教会に通うようになってか
ら、毎日、父の前でお祈りしてい
ました。ですから亡くなったとき、
父は神様を信じていたと思います。
聖書には、神様を信じて亡くなっ

た人は、イエス様がまた来られる
ときに復活して天国で一緒に暮ら
せるとあります。愛する人の死に
は、計り知れない苦しみや悲しみ
が伴いますが、神様を信じる人に
は希望があります。また天国であ
の優しい父と会えるのです。

　私は今とても平安です。もがき
求めていたものをようやく手にす
ることができました。宗教なんて
自分1人で生きられない人が信じ
るものだと思っていました。なん
て傲慢だったのでしょう。自分1
人で生きている人間など、どこに
いるのでしょうか?

意味がわからなくても

　最初は聖書を開いても、意味が
よくわからず、すぐ閉じてしまい
ました。しかし、教会に行くよう
になって、聖書の言葉の意味を知
ることも大切だけれど、聖書の言
葉に触れることはもっと大切なの
ではないかと思うようになったの
です。それからは、意味がわから

ないことにとらわれず、ただ読み、触れることを大切にしました。

意味がわからないのに、時に心が平安に、時に心が満たされ、時に心が喜び、元気をもらえ、その時々で必要な何かを聖書から得ることができました。1か月もすると聖書が人生の道しるべとなり、聖書に触れる時間が楽しみになりました。

私が神様を知る初めの1歩は、お祈りでした。首に難病が見つかってどうしようもなく、イエス様の名によって祈る祈りには力があると、ある牧師さんのメッセージをYouTubeで見て、その日から祈ったのです。「神様、助けてください。私の病を治してください。イエス・キリスト様の御名（みな）によって祈ります」

簡単な祈りでしたが、神様は1年後に応えてくださいました。それからは親しい友人に打ち明けるように、毎日神様にお祈りをしています。

しかし、お祈りが聞かれても教会の敷居は高く、1年間は通うことがありませんでした。でも父のことがあり、居ても立ってもいられず、教会に行ったのです。

そして2年前、私と母は信仰を持つことができました。私たち2人の人生の後悔は同じです。もっと早く神様に出会いたかった、1日でも早く神様を信じて、生き方を改めたかったと。神様との人生は、本当に喜びで満たされています。

My Story｜Tomoko Kiraku

YouTubeのお話は
こちらから▶▶▶

競馬場をあとにした私を
何とも言えぬ虚無感が襲い
自問自答が始まりました

どくだみの愛

磯部豊喜

東京都西東京市　大岡山教会

私が人生を見つめるきっかけに
なった一つの悲しい出来事があり
ました。

I君の死

高校2年生のときのこと。夏休
みが終わり、登校したところ、ク
ラスがザワめいていました。「何
かあったのか?」クラスメイトに
聞くと、「おまえ、知らないのか?
I君が死んだぞ」と……。I君は、
クラスで最も気の合う友人で、席
も私のすぐ前でした。共に早弁を
食し、昼休みに将棋を指す、また
時には馬鹿な話をし合う、そうい
う友だちでした。その彼が亡くな
ったというのです。しかも、自ら
命を絶って。「まさか……」、信じ
られませんでした。

思えば1学期の終業式の日、「電
車の時刻表を見せてくれないか?」
とI君に言われ、ポケットの中の
時刻表をあげたのが彼との最後の
会話となりました。彼はそれを見
て、自死の地に向かったかもしれ
ないのです。

後日、彼の母親が学校を訪れ、
学校での息子の様子を聞きたいと
いうことで、クラスで一番仲の良
かった私が面会することになりま
した。母親の涙に触れ、私は心の
中で叫びました。「I君、泣いて
くれるお母さんがいるのに、なぜ
君は命を絶ったんだ!」

そして、一つの思いに突き動か
されました。人生どんなに辛いこ
とがあっても、自殺だけはしまい
と。

2-6物語

それから私は問いかけるように
なりました。「人は何のために生
きているのか?」「人はなぜ死ぬの
か?」「これからの世界はどうなる
のか?」

これらの問いの答えを求めて哲
学書などを読むようになりました
が、さっぱりわかりません。やが
て、人生の意味を問うても何の解
決もない、人生というものは見切

My Story | Toyoki Isobe

り発車、行き先を知ることもできず、それでも人は生き続け、やがて死ぬ存在なのだ、と思うようになりました。私は人生の意味を探究することを半ばあきらめ、高校を卒業すると、昼は会社、夜は大学という勤労学生の道へ進みました。

夜学に進んだものの、昼間働いて、夜の講義を聞くだけの生活に飽き、もっと刺激的に生きようと、会社を終えた私の足は、次第に大学ではなく、夜のパチンコ街に向かうようになりました。また、会社の先輩から教わり、当時200円だった馬券を試しに1枚買いました。連勝複式番号の2-6。なんとこれが見事に当たったのです！　しかし、これが悪かった。私は週末ごとに錦糸町の馬券売り場に出没するようになりました。

こういう生活を1年以上していたと思います。また、会社の付き合いで夜の酒場やマージャンなどにも行くようになりました。しかし本来、私は人間関係が上手なほうでなく、いつもだれかと不仲になったり、上司に楯突くようなところもありました。

ある日曜日のこと、場外馬券売り場ではなく、直接競馬場に行くことにしました。ところが、その日買った馬券はすべてゴミに……。失意のうちに帰路につきました。

冷たい秋風の吹く中、背中を丸めて歩く年配の人々に混じって帰る自分の姿。ポケットには帰りの電車賃だけが残った軽い財布。何とも言えぬ虚無感が襲い、心の中で自問自答が始まりました。「磯部豊喜よ。お前、このままの人生でいいのか？　人生のねじは一度しか巻けない。貴重なんだぞ！」その内なる声に促され、生活を変えなくてはと思い立ち、会社を辞め、実家に戻りました。

「愛の人になれます」

実家では、なぜか母がクリスチャンになっていました。母が通う

教会で、一本筋の通った頼もしいW牧師に出会いました。神を堅く信じて揺るがぬその姿、若者たちと真剣に向き合う献身的な姿を見て、私は一つの質問をしました。「先生、人は本当の愛を持てるのでしょうか？　僕にはそれは不可能なように思えるのです。人間の愛には、打算があるようにしか見えないのです」

W牧師がきっぱりと言い放った回答は、実に衝撃的でした。「愛の人になれます」と。

それなら、聖書を一度学んでみようと、教会の聖書通信講座を片っ端から学ぶことにしました。私の心に驚きを与えたのは、まず聖書がただの本ではなく、世界歴史の盛衰などを見事に預言しており、すべてがその通りに成就していること。また、世界に多くの言語があるが、それが創世記11章に登場する「バベルの塔」に端を発していること。まだ地球が丸いことがわからなかった時代に、聖書に

愛する者たちよ。
わたしたちは互に愛し合おうではないか。
愛は、神から出たものなのである。
すべて愛する者は、神から生れた者であって、
神を知っている。
愛さない者は、神を知らない。神は愛である。

ヨハネの第一の手紙四章七、八節、口語訳聖書

「地球（地が球形である）」（イザヤ書40章22節、口語訳聖書）と書かれていることなどでした。

さらに人類の歴史が、死から復活された神の御子イエス・キリストが再臨するという世界の終末の出来事に向かって一直線に進んでいることも私の心をとらえました。そして、何よりも私の心を魅了した言葉は、ヨハネによる福音書15章13節です。「人がその友のために自分の命を捨てること、これよりも大きな愛はない」（口語訳聖書）。

牧師さんが語っていたのはこれなのかと思いました。聖書を学んでわかったのは、人の側に愛はないけれど、神は愛であって、その愛が神から人に注がれるときに人は愛の人になりうるということです。事実、神はそのひとり子を賜わったほどに私たちを愛してくださいました。その意味が少しずつわかってきました。

どくだみに見る神の愛

どくだみとは、まさにその名のとおり、「毒を吸収する草」です。高校生の頃、お腹にとても大きなできものが生じたことがありました。悪い菌が入ったのでしょう。ウズウズ、チカチカするのです。その時、母が庭からどくだみの葉を取って来て、もんで丸めて私の患部に貼ってくれました。半日か1日か覚えていませんが、どくだみは見事に私の毒（膿）を吸い取ってくれました。1センチくらいの穴が患部に開いたほどです。どくだみのおかげで、私の傷は癒やされました。

あの日以来、どくだみは私の敬慕の草となりました。自らはもまれながらも、人の毒を吸い取ってくれる。そして、十字の形をしたその白い花びらを見て、思います。「あっ、キリストの十字架に似ている」と。自ら命を投げ捨て、人を癒やし、救おうとされるキリストの姿、神の愛をどくだみの姿に見

ます。

　キリストの愛に触れれば触れるほど自分の罪深さが見えますが、キリストはその罪を私のもとに持って来なさいとおっしゃいます。そのキリストの愛の深さに溶かされ、いつの間にか私にも「生きる目的」が見えてきました。それは、「愛の神を知ること」「神を愛し、人を愛すること」です。

　「人は死んだらどうなるか?」「世界はどうなるのか?」という高校時代の疑問に対する答えも、すべて聖書の中にあるとわかりました。私は欠点だらけですが、キリストは完全です。私の愛は乏しいですが、キリストの愛は世界一、いえ宇宙一です。その愛を求め続けているうちに、気づいたら牧師という働きに導かれていました。

YouTubeのお話は
こちらから▶▶▶

おわりに

　人生には苦難がつきものです。神を信じたからといって、私たちの人生の中から苦難が完全に取り去られるわけではありません。しかし、私たちを愛しておられる神の存在を知ることによって、私たちの苦難に対する態度が変えられ、苦難を乗り越えることのできる力と希望が与えられます。それぞれの人生を導いておられる神の愛と配慮を発見することができるのです。

　本書に収められている11人の方々の人生を導かれた神は、あなたのことも愛しておられます。あなたも、神の愛を体験してみたいと願われるでしょうか。もしそうであれば、もう少しだけ、本書のページをめくることにお付き合いください。

神によって与えられた命

　あなたがこの世界に生まれてきたのは単なる偶然ではなく、宇宙の創造者である神によって命が与えられたと、聖書は教えています。「あなた（神）は、わたしの内臓を造り／母の胎内にわたしを組み立ててくださった」（詩編139編13節）。

　あなたを創造された神は、あなたを愛し、あなたの人生を導いてくださるお方です。その神はこう言われます。「わたしの目には、あなたは高価で尊い。わた

しはあなたを愛している」（イザヤ書43章4節、新改訳聖書）。

　あなたは神によって愛され、望まれてこの世に生まれてきたのです。宇宙の王である神にとって、あなたは尊い宝物です。だからこそ、あなたという存在には唯一無二の価値があるのです。

神との断絶

　それなのに、人間は神の愛に背を向けることによって、神との間に深い断絶を生みだしてしまいました。本当の親である神と共に人生を歩む道を拒み、神とは無関係の自己中心の道を歩むことを選び取ってしまったのです。そのために人間は、神を知ることも、神の愛を体験することもできなくなってしまいました。聖書では、これを「罪」と呼んでいます。

　罪の結果、もともと人間は神と共に歩むことのできる永遠の命が与えられていたにもかかわらず、「死」が入り込んできたのです。聖書はこう説明しています。「人は皆、罪を犯して神の栄光を受けられなくなっています」（ローマの信徒への手紙3章23節）。「罪が支払う報酬は死です」（同6章23節上句）。

　罪によって、人間は滅ぶべき存在となってしまいました。心は虚しく、不安や恐れが心を満たし、人を愛することもゆるすこともできない、本来の人間とはか

け離れた状態に陥ってしまったのです。

　人々はこの罪の問題を解決するために、修行をしたり、善行を積み重ねたり、教育によって知識を増やそうとしてきました。しかし、罪によって生じた神と人間との断絶は、人間の努力によっては決して埋めることのできない深い溝なのです。

救いの道

　しかし、希望があります。ローマの信徒への手紙6章23節の後半部分（下句）をお読みください。「しかし、神の賜物は、わたしたちの主キリスト・イエスによる永遠の命なのです」

　神と人間との間に生じてしまった断絶を埋める道を、神はイエス・キリストによって開いてくださいました。本来、永遠の滅びという刑罰を受けるべき人間の代わりに、イエス・キリストが十字架でその刑罰を引き受けてくださったのです。「しかし、わたしたちがまだ罪人であったとき、キリストがわたしたちのために死んでくださったことにより、神はわたしたちに対する愛を示されました」（ローマの信徒への手紙5章8節）。

　このイエス・キリストの十字架の犠牲によって、人間が神のもとに立ち帰る道が開かれました。人間はこの道を通るときに、永遠の命を回復することができます。「永遠の命とは、唯一のまことの神であられるあな

たと、あなたのお遣わしになったイエス・キリストを知ることです」（ヨハネによる福音書17章3節）。「イエスは言われた。『わたしは道であり、真理であり、命である。わたしを通らなければ、だれも父のもとに行くことができない』」（同14章6節）。

私たちの応答

　これこそ、私たちを愛してくださる神が私たちのためにしてくださったことです。私たちはこの神の愛を信じ、受け入れることによって、救いを受け取ることができます。

　「しかし、言（キリスト）は、自分を受け入れた人、その名を信じる人々には神の子となる資格を与えた」（ヨハネによる福音書1章12節）。

　私たちは修行をしたり、善行を積み重ねることによって、救いを得るのではありません。神の愛を感謝して受け取ることによって救われるのです。「事実、あなたがたは、恵みにより、信仰によって救われました。このことは、自らの力によるのではなく、神の賜物です。行いによるのではありません。それは、だれも誇ることがないためなのです」（エフェソの信徒への手紙2章8、9節）。

　あなたの本当の親である神は、あなたがこの愛を受け入れることによって永遠の命を受け、神の御国にお

いて神と共に過ごすことを願っておられます。そのために、神はあなたの心の扉をノックしておられるのです。「見よ、わたしは戸口に立って、たたいている。だれかわたしの声を聞いて戸を開ける者があれば、わたしは中に入ってその者と共に食事をし、彼もまた、わたしと共に食事をするであろう」（ヨハネの黙示録3章20節）。

　神の愛を信じたなら、神に背を向けていた人生の方向転換をしてください。それが悔い改めるということです。光に背を向けて歩んでいたら、私たちの人生の前には影ができますが、180度方向転換をして光のほうを向くとき、その影は光に包まれます。

祈り

　もしあなたが、この救いを手に入れたいと願うなら、次のように祈ってみてください。

　神の祝福があなたの上に豊かに注がれますように、心よりお祈りいたします。

天の父なる神様、あなたが私に命を与え、

私を生かしてくださっている宇宙の創造者であり、

私の本当の親であることを知りました。

これまであなたを知らず、

あなたに背を向けて歩んできた罪を

おゆるしください。

イエス・キリストが私の罪の身代わりとして

十字架で死んでくださった、その愛を感謝します。

私は今、心の扉を開き、

イエス・キリストを私の個人的な救い主、

そして人生を導いてくださる神として

心にお迎えします。

どうぞあなたの愛で私を満たし、

その愛によって私をつくり変えてください。

あなただけが与えることのできる

真実の平安と喜びで私を満たしてください。

そして、あなたと共にこれからの人生を

歩んでいくことができるように助けてください。

イエス・キリストの御名によって祈ります。

アーメン

ADVENTIST MEDIA CENTER

あなたも聖書を学んでみませんか

受講料無料

聖書をわかりやすく説明した無料の講座です。
好きな時間に、ご自分のペースで基礎から聖書を学ぶことができます。

真理への道講座（全18課）キリスト教の背景のない方のためのキリスト教入門講座です。

入門講座（全12課）聖書を初めて開く方でも手軽に学べます。

入門講座2「もうひとつの必要」（全12課）女性牧師の書いた初心者向けの講座です。

基礎講座（全15課）入門講座を終えた方や、詳しく学びたい方のための講座です。

ストラクル預言講座（全24課）歴史や預言から聖書が学べる講座です。

ニュースタート健康講座　健康の原則についてわかりやすく学べる講座です。

アドベンチスト教理講座 ── 確かな明日をめざして
聖書の真理をわかりやすく説明した講座です。（全26課）
教会の牧師や担当者と一緒に学ぶ講座です。この本を受け取られた教会などにお申し込みください。

 VOPバイブルスクール

詳しくはこちら▶▶

郵便やFAXで申し込む
〒241-8501 横浜市旭区上川井町846　無料FAX 0120-335-717

携帯電話やインターネットからアクセス
電子メール：info@e-seisho.net　https://www.e-seisho.net

＊ご返送いただいた答案用紙は、添削担当者が1通1通心を込めて添削いたします。
＊インターネットの講座は、一部添削方法が異なります。
＊ニュースタート健康講座は、郵送、インターネット専用です。
＊アドベンチスト教理講座は、教会で学ぶための専用講座です。
＊通信料金はお客様負担になります。　＊2023年2月現在開講の講座です。

HopeChannel JAPAN

希望のメッセージをお届けする
「ホープチャンネルジャパン」
パソコン、スマホ、タブレット端末などで、
いつでもどこでも何度でも、聖書からのメッセージや、
健康、教育など、さまざまな動画をご覧いただけます。
https://www.hopechannel.jp

《文庫版》

各時代の希望 上・中・下巻

エレン・G・ホワイト 著

イエス・キリストの生涯に心を向けるとき、「こんな生き方があったのか」と魂を揺さぶられるような、古くて、しかし新しい生き方を発見することができます。キリストの生涯を描いた数多い著作の中でも、世界的にも高い評価を受けている『各時代の希望』は、あなたの心に確かな「希望」をもたらすことでしょう。

文庫判
上巻496ページ、中巻512ページ、下巻504ページ
3巻セット定価 3300円（本体3000円＋税10％）

世界中の人々に読み継がれています

キリストへの道　　エレン・G・ホワイト 著

真の平安と喜びは、聖書に描かれているイエス・キリストを通してあなたのものになります。1892年に出版されてから現在まで、世界中の人々に読み継がれています。クリスチャンにとって「人生の指標」とも言える重要な1冊。毎朝毎晩、継続して読み、日々瞑想したいすばらしい内容となっています。

文庫判、184ページ、
定価 330円（本体300円+税10％）

セブンスデー・アドベンチスト教会とは？

聖書主義に立つキリスト教・プロテスタントの教会です。聖書に示されている神の愛を、人々の必要に応えるさまざまな活動を通して実践しようとしています。「セブンスデー」とは、週の第7日目（土曜日）である安息日を守る教会であることを表し、「アドベンチスト」とは、キリストの再臨を待望する人々を意味します。

212か国で奉仕

セブンスデー・アドベンチスト教会は、19世紀中頃に米国で起こった再臨運動に源を発しています。信徒数は2100万人を超え、現在212の国と地域で活動しています。日本には100以上の教会があり、信徒数は1万5千人です。教会活動とあわせて、教育、医療、福祉、食品、出版、放送、国際援助活動などの諸事業を通して、人々の心と体の健康のために奉仕しています。

https://adventist.jp/

YouTube チャンネル「今日からクリスチャン」
「私と神様」「俺と神様」「俺と神様（牧師編）」「私と俺と神様」シリーズより 11 話

人生という舞台が回るとき——神さまとわたし

2023 年 2 月 20 日　初版第 1 刷発行

［編　集］　福音社編集部
［発行者］　稲田 豊
［発行所］　福音社
　　　　　　〒 241-0802　神奈川県横浜市旭区上川井町 1966　F30
　　　　　　TEL 045-489-4347　FAX 045-489-4348
［印刷所］　株式会社プリントパック